筑境

中国精致建筑100

1 建筑思想

- 风水与建筑
- 礼制与建筑
- 象征与建筑
- 龙文化与建筑

2 建筑元素

- 屋顶
- 门
- 窗
- 脊饰
- 斗栱
- 台基
- 中国传统家具
- 建筑琉璃
- 江南包袱彩画

3 宫殿建筑

- 北京故宫
- 沈阳故宫

4 礼制建筑

- 北京天坛
- 泰山岱庙
- 闾山北镇庙
- 东山关帝庙
- 文庙建筑
- 龙母祖庙
- 解州关帝庙
- 广州南海神庙
- 徽州祠堂

5 宗教建筑

- 普陀山佛寺
- 江陵三观
- 武当山道教宫观
- 九华山寺庙建筑
- 天龙山石窟
- 云冈石窟
- 青海同仁藏传佛教寺院
- 承德外八庙
- 朔州古刹崇福寺
- 大同华严寺
- 晋阳佛寺
- 北岳恒山与悬空寺
- 晋祠
- 云南傣族寺院与佛塔
- 佛塔与塔刹
- 青海瞿昙寺
- 千山寺观
- 藏传佛塔与寺庙建筑装饰
- 泉州开元寺
- 广州光孝寺
- 五台山佛光寺
- 五台山显通寺

6 古城镇

- 中国古城
- 宋城赣州
- 古城平遥
- 凤凰古城
- 古城常熟
- 古城泉州
- 越中建筑
- 蓬莱水城
- 明代沿海抗倭城堡
- 赵家堡
- 周庄
- 鼓浪屿
- 浙西南古镇廿八都

⑦ 古村落

- 浙江新叶村
- 采石矶
- 侗寨建筑
- 徽州乡土村落
- 韩城党家村
- 唐模水街村
- 佛山东华里
- 军事村落—张壁
- 泸沽湖畔"女儿国"—洛水村

⑧ 民居建筑

- 北京四合院
- 苏州民居
- 黟县民居
- 赣南围屋
- 大理白族民居
- 丽江纳西族民居
- 石库门里弄民居
- 喀什民居
- 福建土楼精华—华安二宜楼

⑨ 陵墓建筑

- 明十三陵
- 清东陵
- 关外三陵

⑩ 园林建筑

- 皇家苑囿
- 承德避暑山庄
- 文人园林
- 岭南园林
- 造园堆山
- 网师园
- 平湖莫氏庄园

⑪ 书院与会馆

- 书院建筑
- 岳麓书院
- 江西三大书院
- 陈氏书院
- 西泠印社
- 会馆建筑

⑫ 其他

- 楼阁建筑
- 塔
- 安徽古塔
- 应县木塔
- 中国的亭
- 闸桥
- 绍兴石桥
- 牌坊

中国精致建筑100

东山关帝庙

分主编 陈派钳 林文凭 撰文
张金聪 欧鹏 摄影

中国建筑工业出版社

出版说明

  中国是一个地大物博、历史悠久的文明古国。自历史的脚步迈入新世纪大门以来，她越来越成为世人瞩目的焦点，正不断向世人绽放她历史上曾具有的魅力和光辉异彩。当代中国的经济腾飞、古代中国的文化瑰宝，都已成了世人热衷研究和深入了解的课题。

  作为国家级科技出版单位——中国建筑工业出版社60年来始终以弘扬和传承中华民族优秀的建筑文化，推动和传播中国建筑技术进步与发展，向世界介绍和展示中国从古至今的建设成就为己任，并用行动践行着"弘扬中华文化，增强中华文化国际影响力"的使命。从20世纪80年代开始，中国建筑工业出版社就非常重视与海内外同仁进行建筑文化交流与合作，并策划、组织编撰、出版了一系列反映我中华传统建筑风貌的学术画册和学术著作，并在海内外产生了重大影响。

  "中国精致建筑100"是中国建筑工业出版社与台湾锦绣出版事业股份有限公司策划，由中国建筑工业出版社组织国内百余位专家学者和摄影专家不惮繁杂，对遍布全国有历史意义的、有代表性的传统建筑进行认真考察和潜心研究，并按建筑思想、建筑元素、宫殿建筑、礼制建筑、宗教建筑、古城镇、古村落、民居建筑、陵墓建筑、园林建筑、书院与会馆等建筑专题与类别，历经数年系统科学地梳理、编撰而成。本套图书按专题分册，就其历史背景、建筑风格、建筑特征、建筑文化，结合精美图照和线图撰写。全套100册、文约200万字、图照6000余幅。

  这套图书内容精练、文字通俗、图文并茂、设计考究，是适合海内外读者轻松阅读、便于携带的专业与文化并蓄的普及性读物。目的是让更多的热爱中华文化的人，更全面地欣赏和认识中国传统建筑特有的丰姿、独特的设计手法、精湛的建造技艺，及其绝妙的细部处理，并为世界建筑界记录下可资回味的建筑文化遗产，为海内外读者打开一扇建筑知识和艺术的大门。

  这套图书将以中、英文两种文版推出，可供广大中外古建筑之研究者、爱好者、旅游者阅读和珍藏。

目录

007　一、龙喉宝穴

015　二、园庙相依

025　三、经营有道

041　四、名园胜景

051　五、艺术特色

065　六、殿堂溢彩

077　七、香火隆盛

083　八、闽台情深

089　大事年表

东山关帝庙

图0-1 正德碑记

在关帝庙主殿关帝神像左侧,立于龟趺之上,正德十一年(1516年)四月关帝庙住持月堂和尚立。该碑详细记述了鼎建铜城关王庙的经过,并把关王庙与著名滕王阁相提并论,得意之情,溢于言表。

关圣帝君俗称关公,是我国家喻户晓的历史人物。关帝庙曾经遍布我国城乡,其数量之多可以算是庙宇之最,然而其中的建筑精品却没有多少能保存下来。

福建省漳州市东山县铜陵镇著名园林石斋园内的东山关帝庙,却以它悠久的历史、精美的建筑、旺盛的香火以及它是台湾关帝文化的祖庙而特别引人瞩目。

人类自原始社会到现在,都有神的信仰。中国人自殷周之际,便相信人死为神,而人之所以死而为神,主要在于功业与品德。后世中国民间最崇拜的是关羽。关羽本来是人而不是神。其人其事见之于晋·陈寿《三国志·关羽传》。按关羽字云长,河东解州常平村宝池里人(今山西运城常平村),三国蜀汉大将,辅助刘备兴汉帝业,戎马一生,以忠义著称。精通中国历史的清人赵翼,在其名著《陔余丛考》中说:"在三国六朝唐宋皆未有禋祀。考之历史,关羽在汉只是汉寿亭侯,比之秦之关内侯,宋徽宗始封为忠惠王。"盖当时朝廷屡受女真外族压迫,亟须从历史人物中找一忠义之士以垂范天下。而徽宗又信奉道教,多封神号,几于滥矣。自宋而后,历代皇帝对关羽都有封赠。封号由侯而公而王而帝。明太祖颁令天下州县均建文武两庙,文奉孔子,武祀关羽。明神宗封其为"神威远镇天尊关圣帝君",封号之尊,似乎凌驾"大成至圣文宣王"孔子之上。清顺治皇帝更进一步,给关羽的封号竟长达二十六个字:"忠义神武灵佑仁勇威显护国保民精诚绥靖翊赞宣德关圣大帝"。

至清雍正五年（1727年）关羽三代都受了敕封，尊荣无比：关羽本人被敕封为忠义神武关圣大帝，曾祖敕封光昭公，祖为裕昌公，父为成忠公，设牌于武庙后殿，岁春秋二仲月吉日及五月十三日致祭。由于明清两代皇朝均借"关圣"这个偶像来"绥靖宣德"，加上明初小说家罗贯中编著《三国演义》这部通俗小说将关羽的威武大加发扬，推波助澜，于是关帝信仰就风行全国，特别对海岛渔民倡导"患难相助"，对商界鼓吹"坚守信义"更有影响。而东山关帝庙结构精美，地理位置特殊，同台湾一衣带水，距高雄仅110海里，对于研究建筑美学和地缘建筑学来说，更不能不说是十分珍贵的实物资料。

图0-2 东山岛铜陵镇一角/上图

东山岛，又名玉蝶岛，位于福建省漳州市东南部。风光秀丽，有"东海绿洲"、"东方夏威夷"之美称。

图0-3 东门屿风光/下图

东门屿，又称塔屿，在铜陵镇古嵝山著名园林"石斋园"对面，距东山关帝庙约800米。面积80公顷，北段有东明寺，幽静宜人；中段沙白滩平，是非常良好的海滨浴场；南段幽壑幻变，怪石嶙峋，峰上屹立一座古拙的石塔。

一、龙喉宝穴

图1-1 石斋园/前页

在福建漳州市东山县铜陵镇东北角，因纪念历史名人黄道周而得名。负山面海，山川俊美，怪石奇秀，寺庙簇拥，绿树婆娑，龙泉滴玉，风光旖旎。图为石斋园一角。

中国历代寺观建筑之初，历来十分重视选址。或托迹于名园，或附丽于都市，或濒临秀水，或隐藏深山，几乎有佳景处必有寺庙。"天下名山僧占多。"沙门之所以重视选址，是因宗教自身的需要。环境优美的寺院往往有利于清静拜佛，刈断尘缘，修成正果，早赴西天。道教要无为而治，效法自然，炼丹长寿，修行成仙，更须依傍名山大川，结庐其间。而作为海上香火隆盛的民间神祠东山关帝庙，在选址上也自必严格对待。

东山关帝庙始于何年？起自何因？据明正德十一年（1516年）四月初六日月堂和尚立《鼎建铜城关王庙记》碑文云："国朝之二十年（1387年，即明洪武二十年），城铜山，以防倭寇，刻像祀，以护官兵，官兵赖之。"说明城为先，庙为后；城为主，庙为辅；城是主体防卫建筑，庙是附属民俗设施；城的主要功能是备海防倭保家卫国，庙的精神作用是使驻岛官兵的心灵得到鼓舞与慰藉。因此，庙的选址必须以城的总体布局为依托。

明《铜山所志序》云："铜山者，明防倭之水寨也，环海为区，屹立于五都之东（原属漳浦，嘉靖十年改属诏安），始称曰东山。东原乡牧野也。太祖洪武二十年，命江夏侯周德兴建外卫所，分戍官军，以御倭乱。当其至铜也，初在龙潭山开筑城址，后以地势深入，不能外阻，故进其城（二里）于东山。"这就是说，深谙地理的周德兴选择在铜山建置福建五大水寨之一的卫所是完全正确的，可他初

图1-2 关帝庙
坐落在石斋园的西南角,坐西南朝东北,依山而建,层层跌落,结构精美,气象巍峨。背靠岣嵝山,濒临东山湾,左邻宝智寺,右拥城隍庙,宛如苍龙舞海奇观。

东山关帝庙 龙喉宝穴

图1-3 东山古城
洪武二十年（1387年）江夏侯周德兴为防倭寇而建。全长1800米，底墙宽4.5米，顶宽2.7米，高4—6米不等，两侧砌条石中间夯土，迄今已有600余年历史。

选的城址在"地势深入，不能外阻"的龙潭山麓，却是错了。知错能改是为勇。但是，城址往东挪1公里，便将怪石峥嵘的峋嵝山围进城内，选择庙址便成了难题。因为山北悬崖峭壁，无地可建庙；山西紧靠九仙山，山麓崎岖不平，城楼内侧设四口水井，城门外侧挖四口池塘，自然不宜建庙；山南为千户所及衙署，并且是个安排随军家属的生活区，熙熙攘攘，也很难挤进关王庙、城隍庙与佛祖庙等一大组建筑群。惟山东向阳处有一山势比较平缓的开阔地，且俯瞰东山湾出口，与碧波浩渺中的东门屿隔海相望，视野开阔，树木葱茏，风光旖旎，最宜建庙。尤其是峋嵝山脉起龙潭山，经九仙山逶迤至此，为西东走向，宛如苍龙经此蜿蜒向东潜入海底，再昂头出露为青翠如螺的东门屿。传说此地是"龙喉宝穴"，理应建一组象征龙头的寺观于此，让关羽、城隍爷和如来佛在此风水宝地上共组一群护城神，于冥冥之中对城内驻军实行"人神共管"的体制。

图1-4 虎碎滴水
在铜山古城东门外南侧,有一处避暑胜地海蚀洞,绝壁连绵,清幽绝俗,泉水涓涓从石缝中流出,故名"虎碎滴玉"。光绪间,诏安县翰林林壬题刻"灵液"两字于壁上。

城西北的九仙山,又名水寨大山、观音亭山,蔚然秀峭,幽岩曲径,榕荫蔽日,风景绝佳。明东阁大学士林釬诗云:"洞门六六锁烟霞,碧水丹山第一家。夜半寒泉流出月,晓开清露滴松花。"尽管这里环境十分幽美,却不具备设置关王庙的条件,因为它毕竟游离于抗倭城堡之外,明显同预先设计的护城神功能相悖。所以后来此地只好建造恩波寺、南少林寺(即古来寺)和天后宫等。崇祯末叶,天地会创始人道宗禅师又在山顶建了长林寺,于顺治八年(1651年)成了反清复明秘密会社的诞生地。由此不难看出,当年周德兴与众多守城者的共同心态,就是武庙只有建在城中方能保护其官兵安全。建城与建庙的密切关系,于此明矣。

二、园庙相依

东山关帝庙 | 园庙相依

东山岛,明清名铜山岛,位于漳州市东南部,东拥东山湾,西倚诏安港,形同玉蝴蝶,雅称蝶岛。总面积194平方公里,为福建第二大岛。地理坐标东经117°17′—117°34′,北纬23°33′—23°47′,周围有32个岛屿星罗棋布,港多湾多,树青沙白,亚热带风光如诗似画,有"东方夏威夷"之美称。今有八尺门海堤与大陆一线相连,已成半岛。

铜陵在建防倭千户所之前僻处岛上东北端一隅,仅是小小渔村,一片荒凉。李猷明的民国版《东山县志》云:"元末有金、丁、马、铁四姓居住东门,捕鱼为业。由四姓而召集二十余家,设保安堂以防倭寇。后保安堂改为关帝庙。"建城后调漳军戍守,军人家眷多在漳州,常不在位。后周德兴又至,以兴化军代替漳军,故铜陵之祖皆兴化人。戍军一千二百名,设千户四员,佥事一员,皆聚处于城中。城环山而起,三面

图2-1 古城一角
铜山古城于洪武二十年为江夏侯周德兴所建,长1817米,辟门四,东曰"晨曦"。嘉靖十年(1526年),漳浦知县郑禧增筑东门月城,门转朝南开。图为月城一角,榕树已从古城半壁石缝中长出。

距海，惟西南隅平旷与五都接壤。建城的目的，除了御寇而外，还有一个重要功能就是筑巢引凤，安居育人。有了牢固的城池和舒适的住宅这一安居工程，才能使驻军及其家属安心无虞，加上有关王庙等民俗设施，也才能使他们获得一方宁静温馨的精神家园。

万历元年《漳州府志》云："铜山千户所城：在诏安县五都，周围五百五十一丈，垣面广一丈，高二丈一尺，砌以石，女墙八百五十五，窝铺一十五，东西南北四门，各有楼。东、北二门临海，今闭（注：后开启），环海为壕。"从遗址看来，城墙墙体两侧均用白色花岗岩条石纵横交错砌成，为节约石材中间夯填黄土，底墙厚4.5米，高4—6米不等，墙顶宽2.7米，外侧雉堞高1.68米，宽2.26米，厚0.5米，内侧人行道宽2.2米。窝铺突出城墙6.4米，面阔同。东城门洞宽2.55米，门宽2米。瓮城呈矩形，面阔9.2米，进深4.85米，设三个藏兵洞，各有一个长0.52米、宽0.34米的射击口，门朝南开，监视海上动静。城楼正对着关帝庙大门，通高约7米，又与东门屿文峰塔遥遥相对。在中轴线上，庙、城楼与塔连成一体，协调和谐。

这座抵抗外来侵略、负载着民族精神的海疆古城，饱受历史上血与火的洗礼。史载：嘉靖三十七年（1558年）十月，倭寇数千突攻铜山水寨，军民固守，贼劫掠城外东坑、城垵一带民舍而去。嘉靖四十三年（1564年），总兵戚继光率军进剿倭寇海贼，莅铜山，万历九年（1581年）浙兵营把总一员、官兵四百五十名驻扎所城，悉归戚氏调度征剿。万历二十九年（1601年），浯屿钦依把总沈有容分守浯屿与东山，翌年十二月与铜山把总张万纪败倭于澎山洋（今属南沃），再东征东番（台湾），大败倭寇，毁敌船6艘，斩首15级，救回被掳男妇370多人。天启七年（1627年），海寇登岸，衙署兵营被毁殆尽。崇祯四年（1631年），海贼刘香老以贼众数百猝攻铜山，把总蔡而炫当日刚刚抵任，力战而死。翌年，倭寇犯铜山，乡绅粤西学宪陈士奇丁忧回家，与当事设具火攻，自造扭攻车及炮石、藤牌等器，悉力捍卫，城赖以全。乾隆《铜山志》说："明正统、隆庆间，（关帝）助兵贼败，众皆神之，至今声灵赫耀，四海钦仰。"这就清楚地表明，哪里有灾难与痛苦，哪里的民间信仰就会兴盛起来。也许正是关羽的一身阳刚正气，有助于激励铜山军民奋起杀敌进行保家卫国的英勇斗争。

图2-2 黄道周纪念馆/对面页
在关帝庙东边，紧邻宝智寺。原为东壁书院，明正德元年（1506年），由镇海卫龚朝鼎倡建，康熙三年毁，十九年恢复。民国7年地震圮毁，1985年在原址建黄道周纪念馆。刘海粟先生题匾"节义千秋"。

东山关帝庙 　园庙相依

图2-3 黄道周故居内景

在关帝庙东南侧,"石斋园"南口巷东侧,建于明代,为一座典型的闽南民居,天井式三进三开间住宅,面积303平方米,围墙内有一天井,两厢平房,保存完好。明黄道周诞生于此。

图2-4 宝智寺大殿内佛像
宝智寺有前殿、主殿和藏经阁。前殿祀弥勒佛及四大金刚。大殿祀三宝祖佛,内竖四根雕艺精巧的蟠龙石梭柱。1987年铜陵百姓和台胞、侨胞捐资修复。"洗心之藏"四字为黄道周题额。

　　随着社会的安定与进步,古城池的军事防御功能日渐式微,饱受风霜、几经兴废的铜山古城也难免倾圮颓废,剩下断墙残壁,显出几许苍凉与哀伤。破旧的城墙同常修常新的关帝庙形成强烈的对比。如果不是为了修整风景如画的石斋园供游人观赏,也许古城已夷为平地,瓦砾无存。如果不是从关帝庙雄厚的"添香油"钱中分金去重修古城墙,古城墙就不可能按原貌修复525米,并把其中370米当作石斋园那从西北角至东南角的围墙。而今的关帝庙已成为石斋园这顶皇冠上熠熠发光的明珠,而古城墙反成为关帝庙的附丽物,宾主易位,这恐怕是初建城者始料不及的。

　　石斋园是一座充满诗情画意的海上园林,因后人纪念历史名人、儒学大师、大教育家、大书法家、伟大的爱国者黄道周而起名。黄道周（1585—1646年），字幼玄，又字石斋，漳浦县铜山所深井村人。明朝天启二年（1622年）中进士，授职翰林编修，参加修纂国史，并为经筵展书官。石斋性格"严冷方刚，不谐流俗"，直言敢谏，言辞激烈，"公卿多畏而忌之"。且敢与崇祯皇帝廷辩，屡遭贬斥，三进三逐，廷杖八十。明亡后，起而抗清，南明隆武时任吏部、兵部尚书、武英殿大学士。顺治二年（1645年）出兵婺源与清战，兵败被俘，次年三月初五日英勇就义于南京东华门，临刑血书："纲常万古，节义千秋，天地知我，家人无忧。"可谓与宋末文天祥的《正气歌》千古辉映。著名的地理学家徐霞客曾热情讴歌他的挚友黄道周，"字画为馆阁第一，文章为国朝第一，人品为海内第一，其学问直接周、孔，为古今第一。"就连深受汉文化熏陶的满族统治者乾隆皇帝也不得不承认他是"一代完人"。

图2-5 榕荫小院
在关帝庙右侧低矮的围墙内，有一榕荫小院，占地约350平方米，布置假山、花卉、榕坛、石桌石椅等。在郁郁葱葱的榕树背后，关帝庙的青白相间琉璃瓦屋顶与彩瓷剪贴，历历在目。

图2-6 城隍庙一角/对面页
在关帝庙南侧。明洪武二十年（1387年）江夏侯周德兴主建。由前殿、大殿、左侧七开间厢房和庙前花圃构成。康熙三年"迁界"时拆毁。康熙十九年（1680年）由总兵黄镐主持重建。

优美的建筑要有优美协调的环境。名岛、名城、名园、名庙常因名人而增重，而名岛、名城、名园也常因名庙而生色。几百年来，关帝庙、宝智寺、东壁书院的周围一直是一片空旷的山坡，岣嵝山顶更是童山濯濯、岩石裸露。20世纪六七十年代却被不少民居覆盖，民居后墙便自然成为石斋园西半边的围墙，使石斋园的占地面积从上百亩降至42亩。倘若没有"威灵显赫"的关帝庙以及其他古建筑群挡住了这一股占地盖私房风，恐怕整个石斋园也岌岌可危了。因此可以说，东山关帝庙同石斋园里的自然山川与人工景观是一个有机结合，互相因应，不可分割的整体，具有"一荣俱荣，一损俱损"的密切关系，建筑环境的经营至关重要，而整体协调更是带有根本性质的内涵。

三、经营有道

图3-1 石斋园/上图
石斋园是关帝庙周围的美丽园林,因纪念明末儒学大师、大教育家、大书法家、南明隆武时武英殿大学士黄道周而得名。园内胜景荟萃,关帝庙、宝智寺、黄道周纪念馆相映增辉,古今珠联璧合。

图3-2 从太子亭远眺/下图
结构奇特的太子亭,既不同于一般文、武庙的棂星门,也与一般寺院的山门迥异,不设门,内外通透,两侧又有红色围墙和回廊围合一个天井。从门内远眺,可见到莲花池、城墙、树木与遥远的文峰塔。

东山关帝庙立庙之初，虽然位于城中园林的中心位置，但它却是一个单开间的小庙，面阔6.7米，进深7.24米，庙门朝东，僻处现关帝庙南侧榕荫小院的西北角。道光十六年（1836年）重修后，改为"东宫圣母庙"。据《鼎建铜城关王庙记》云：正德初年，"人咸病其隘"，亦有喜施者想重建，又因工程浩大而却步。后有漳州开元寺法嗣圆球和尚（字肖岐，号月堂），漳州人，幼入空门，爱好史书，笃好文墨，20岁受具足戒。他素喜观山玩水，游方参学，至此"仰观武圣殿之福地，声灵必震于千年"，遂募善缘，策划重建。正德三年（1508年），云霄财主吴子约避寇来铜，同铜陵善士黄宗继等八人鼎力相助，由圆球和尚即月堂精心设计，于翌年五月初七日，在原庙左侧之空地鸠工兴建，至正德七年（1512年）二月初二日落成。正德十一年鼎建庙碑云："庙之地势，龙蟠虎踞；庙之壮观，翚飞鸟革，矢棘跂翼；庙之定制，纵袤百二十尺，横广五十一尺；庙之规模，王宫巍巍，廊腰缦回，阶级峻绝，中肃闸门，外高华表，旁则僧舍翼然。非昔日之旧矣！"并喜滋滋地称赞此庙"虽古滕王阁，莫是过也。"尽管康熙三年（1664年）因郑经撤回台湾，清总督李率泰领大军到铜山迫百姓迁入漳泉内地（即史书所谓"迁界"），关帝庙也被清兵拆毁。但时隔十六年"复界"（即恢复清朝疆域），清总兵黄镐又率先捐俸，按明代形制修复，整旧如初。后殿次间两侧六根白石梭柱依旧，其中一柱镌有"大明正德吴子约敬送"字样；门楼（即俗称"太子亭"）形制也依旧，有横梁石匾阴刻"嘉靖壬寅（1542年）五月吉日前都劝缘子孙重修"，背面勒"明正德己巳年（1509年）绅耆吴子约、黄宗继、方延元、游日初、方体扬、林道继、唐孟岳、武守为九月吉日募众鼎建"等为证。足证东山关帝庙虽然并非纯粹的明代遗构，而是明清时代的混合建筑风格，但其模式和不少石构件却是明代原样和原物。其风貌不仅不减当年，而且随着时代的进步，建筑艺术也日臻完美。

关帝庙鼎建之初，圆球和尚所遇到的困难并不小。最主要的是受场地的限制，左有天尊堂，右有城隍庙，中间偏右又有原来关王庙，可供施工的空地不过一亩左右。要在如此之小的地盘上建造气势巍峨的庙宇，殊属不易。于是东山关帝庙的总体建筑布局遂采取依山就势，分主殿、前殿和门楼三进，层层跌落，再以腰廊缦回，围合成高低前后两个天

图3-3 太子亭
关帝庙前门由两根大石梭柱和四根小圆石柱构成的建筑物,俗称"太子亭",其五踩斗栱色彩斑斓,结构繁复,前后左右纵横交错,架构起一个极尽华丽的歇山式屋顶。

井，中轴线清晰，左右对称，结构严谨，重点突出。建筑占地面阔20.37米，进深34.69米，面积仅700平方米。由于地盘太小，建筑布局受诸多因素约束，因此，学富五车、聪明睿智、阅历极广、才华横溢的沙门建筑师圆球和尚，一方面在内部结构细部处理和装潢艺术上，尽量从"细腻小巧"四字上做文章，力图于方寸间展风流，在局促中开新天地。其主要布局设计如下：

1. 在正对庙门约70米的山坳低洼处，挖一口白色花岗岩条石围成的圆池，直径35.07米，围长110米，池水清澈见底，大旱不涸，俗称莲花池。相传是关公的洗刀池，作为关帝

图3-4 天然石上筑屋
在太子亭南侧，有一巨大天然花岗石，要在巨石上立柱，恐不牢固，明正德年间鼎建时，也曾想把它炸掉，又恐震坏其他建筑物。于是改在石上打台阶筑墙，用石礅承重，是关帝庙构造处理的奇特所在。

图3-5 前殿

前殿位于太子亭后,耸立在高1.43米的白色花岗条石铺砌的台基之上。明间是一堵多姿多彩的石门墙,一个大门和二个侧门一字排开。外檐下悬"山西神圣"匾。廊柱、单步月梁、斗栱、雀替、垂莲、竖匾等均为透雕漏花或精美浮雕的石构件。

庙的附属建筑而设的。嘉靖五年（1526年），巡海道蔡潮又在遥对庙门的东门屿峰顶建一座七层八角形密檐式花岗岩石塔，高31.7米，名文峰塔，有意无意地成为关帝庙的附属设施。造成庙前空间的无限延伸，即千米之内所有建筑皆属我所有的奇妙境地，大大地弥补了庙本身场地局促的不足。此即所谓"庙内不足庙前补"，亦不失为设计的良策。

2. 充分利用山坡徐徐下降的自然形势，在落差上做文章。从主殿到莲花池，早在鼎建清基时，就先把山坡平整成高低不同的九级阶地，上三级分别以0.79米、1.43米、1.40米的落差，构成起伏跌宕、群体和谐的主殿、前殿和太子亭。再分别以四、九、九级踏步相联，达到时间和空间的统一。在太子亭前，又以3.77米的落差，铺砌六级不同高程的石埕（场），总共1055平方米，气势恢宏，井井有条，埕边又筑有白石雕成的扶栏与浮雕几何

图3-6 前殿外檐斗栱之一

图3-7 前殿外檐斗栱之二

图3-8 前殿大门

前殿有一个大门和两个边门，一字排开，门与门之间，墙与梁之间，全部用水磨浮雕或透雕花鸟瑞兽等精美图案构成。大门额竖一青石匾，夔龙花纹饰边，勒"武庙"两字。

图3-9 周仓神像/对面页

周仓是关公手下的一员心腹大将，在全国成千上万座关帝庙中，全部都是站立的，唯独此庙周仓坐着。传说宋末陆秀夫灵魂先到，附身于关帝神像，帝昺灵魂迟到，附身于周仓神像，遂赐坐以示君臣平等。

图案方石板材装饰基座，于浑厚朴质中透出整齐华美。由于构思巧妙，太子亭通高6.3米，前殿通高4.35米，后廊通高3.6米，主殿通高6.5米，高低起伏，显得气象巍峨，营造出一种高楼玉宇浮出云端、天庭圣殿如梦如幻的美妙意境。

3. 造型奇特的太子亭。此建筑物似亭非亭，似门非门，内外通透，既与一般文武庙的棂星门不同，又与绝大多数寺观的启闭式山门迥异，是一楼门式。亭前有面阔5.73米、进深4.2米的石台基，全部用白色花岗岩条石和浮雕几何图案的方板铺砌，中间竖起两根底粗端细的大圆梭柱，柱高2.7米，前后用两块石夹板加

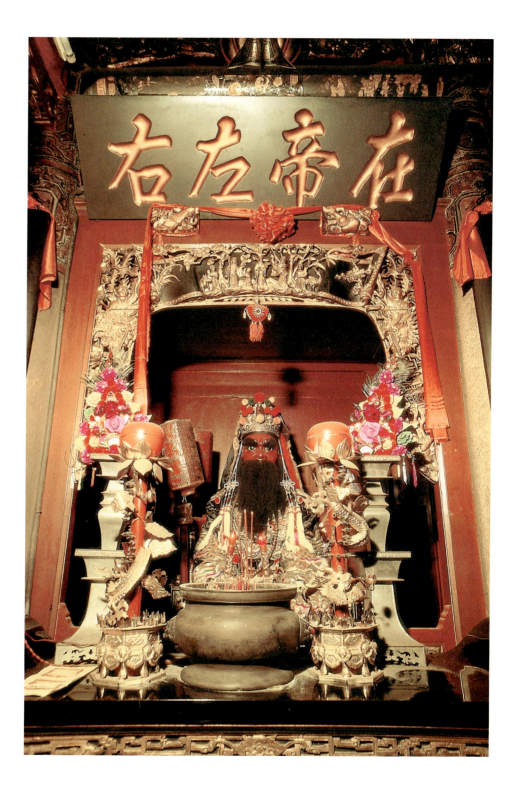

固。大梭柱上端与横梁采用仿木榫卯的做法相互衔接，梁下装雀替。两个大梭柱的前后有四根角柱，平面八字形布置，斜向撑起多组五踩斗栱，架起一个极尽华丽、金碧辉煌的屋顶，表现出一座神祠所必须具有肃穆庄严的艺术氛围。远望太子亭，宛似张开的龙口，虎虎生风地注视着壮丽的沧海。此建筑在500年间经历了两次南澳七级大地震，至今依然无恙。

亭后两厢低廊围合一个宽11.5米、深5.57米的小天井与神道，神道两旁各砌一个花坛。最为奇特的是在太子亭右侧利用一块天然巨石作为柱基，承托右廊的梁架与屋顶，构思可谓巧妙。

4. 前殿分为五开间，明间、次间不分隔，前三分之一处设石构门墙，一个大门与两个旁门一字排开，中门前放一对青色抱鼓石。檐廊梭柱、横梁、雀替、斗栱、垂莲、枋额等均为

图3-10 雕龙绘栋
关帝庙主殿为抬梁式木结构，斗栱形制粗大，具有明代的建筑风格。只是雀替、枋额斗栱、瓜柱、月梁等全用透雕金漆技艺，装饰极其华美。

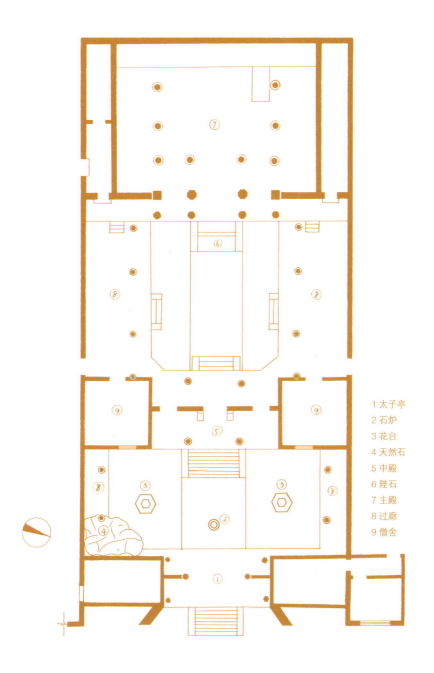

图3-11 关帝庙平面图

东山关帝庙 | 经营有道

图3-12 关帝庙剖面图

仿木造石构件，连两侧墙壁也用浮雕人物瑞兽与几何图案的石质方板饰面。大门正中悬挂透雕多条夔龙饰边的青石竖匾，阴刻"武庙"两字，门后有横匾刻"与天地参"四字。整个明间石刻非常精美，而左右次间与梢间则用砖墙分隔，前开直棂石条窗，后朝庑廊开门，朴实无华，与一般僧舍无异。整个艺术处理可谓繁简有度，精粗迥异，明处铅华重施，居室平淡无奇。前后（主）殿与庑廊围合一个长8.4米，宽7.2米的小天井，地坪比前殿低0.58米，全部石砌，如今是善男信女们朝拜关帝的主要场所。每逢节日，香烟缭绕，人头涌动，热闹得很。

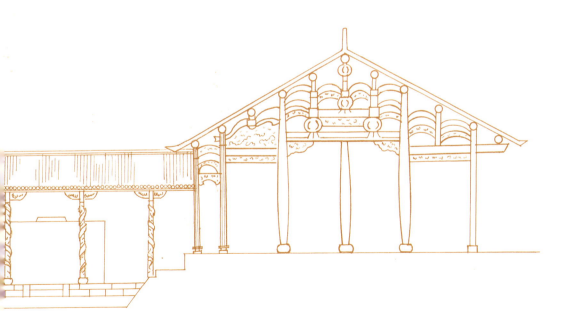

5. 后殿为整座庙宇的主体建筑，面阔20米，七开间，除梢间有墙分隔外，中部五间全部连通，总宽11.5米，进深8.25米。石梭柱，抬梁式木结构，歇山顶，室内雕梁画栋，用材宏大，所有小木作，如神龛、供桌、五扇大门、龙凤雀替以至大木作的梁架斗栱，全部用镏金漆绘，显得异常华美，金碧辉煌。后殿正中精美的神龛里端坐着关羽神像，上悬咸丰皇帝御笔"万世人极"巨匾。前祀关平、周仓、赵累、王甫四位侍臣神像，为已故著名画家、民间雕塑家林少丹先生的佳作，栩栩如生，营造出一种神秘的气氛。而东西尽间宽仅1.58米，非常狭长，东侧小室全封闭，作僧舍或贮藏室；西侧小室进深8.25米，分为前后二室，后室为僧舍，全封闭，前室右墙则开一扇边门，通庙右榕荫小院，起通道作用。这种空间组合在闽南地区庙宇中是绝无仅有的，很难说不是出于地盘太小难以安排的缘故。于此也可见得建造者创造性思维，正是"穷则变，变则通"。

唐诗人刘禹锡《陋室铭》说："山不在高，有仙则名；水不在深，有龙则灵。"而东山关帝庙的总体设计布局和艺术构思说明：庙不在大，有巧则精；艺不在多，有奇则馨。

四、名园胜景

图4-1 风动石
在东山关帝庙北侧，濒临东山湾，有大石如盘，上立一石，半倚半垂，四面皆空，两石相接，间不盈尺，大风吹得动，推以足亦动。明巡抚路振飞书"铜山三忠臣"于石。有"天下第一奇石"之美称。

中国寺庙依山傍水，雄踞都会，常有优美典雅的园林建筑。寺庙园林是中国古代建筑艺术的独特引申，既融入自然山光水色，又凝聚人工匠意，借景造园，因园增景，使寺庙与周围的自然景观水乳交融，相得益彰。

寺庙园林一般以寺庙为中心，或以园包寺，或左右掩映，或点缀穿插，或寺园含融，即在严格保持宗教空间的同时，相地而行，随机应变，表现出灵活多样的布局形态。

东山关帝庙坐落在石斋园内的西南角，左右有一大组古代建筑群，如佛祖庙（原称天尊堂，现名宝智寺）、东壁书院（原为魁星楼、崇文书院，在风动石与石僧拜塔之间，后毁，移到宝智寺左侧重建）、城隍庙与黄道周故居（诞生地）等左拱右卫，宛如众星拱月、霞蔚朝阳一样。

图4-2 石僧拜塔

在风动石东侧原魁星楼前,有一天然巨石,状如石僧,道貌岸然,披薜缁衣,折腰合十,服铄恬修,与屿塔峰顶文峰塔遥对,巧成风物天然的"石僧拜塔",堪称东山名胜奇景。

图4-3 女阴岩画
在"石斋园"内黄道周纪念馆东北角，有一巨石椭圆形，南面勒"海外虎豀"、"明黄石斋先生故里"等字，北面磨刻一女阴岩画，俗称"贵子石"。盖山林先生认为是母氏氏族社会的艺术孑遗。

图4-4 "一线天"奇景
/对面页
距"贵子石"仅数步，有一天然巨石，名"钓鳌台"，上有人脚印和12个月亮岩画，俗称"仙脚桶"。1992年5月19日，磐石在没有任何外力作用下，突然崩裂，蔚成"一线天"奇观。

宝智寺在关帝庙北侧，仅隔一条小巷，有两扇边门相通。明建清修，1918年南澳7.25级大地震时震塌，近年修复。该寺有前殿、中殿与后楼（藏经阁），占地363.9平方米。祀释迦如来、观音、弥勒佛与十八罗汉等。1994年新加坡华裔陈祖辉先生率善男信女合捐一尊泰国铜佛，重446斤，颇具特色。

城隍庙位于关帝庙南侧，有后门与榕荫小院相通。规格小于关帝庙，有前殿、后殿、天井与左侧厢房。

东壁书院早毁，1986年在原址建方形合院式的黄道周纪念馆，竖黄道周雕像，气宇轩昂，一身正气。展厅建筑面积416平方米，陈列黄道周史迹。门额悬挂国画大师刘海粟题刻的"节义千秋"四字行书，两旁楹联："浩然正气直与文山同壮烈；卓尔奇才长教左海焕光芒"，给黄氏以很高的评价。

图4-5 道宗禅师题刻/上图
九仙山（又名水寨大山、观音亭山）。图中榕树为清初天地会创始人道宗禅师所栽，题刻"燕泉"隐喻源承河北临济宗，"源头"暗示此处是我国天地会的诞生地。

图4-6 南少林古来寺/下图
明天顺（1457—1464年）间，仙游南少林九座寺明雪禅师到铜山弘法，成化三年（1467年）于铜山古城西东坑建古来院，授徒五十余人，戒律精严，文武同修，精通妙理，是漳南一带南少林寺的祖庙。

图4-7 铜陵天后宫

在铜山古城西,九仙山东麓,今打索街,前濒海,洪武二十四年(1391年)建,康熙年间改称天后宫,光绪二十五年(1899年)重修。前殿门墙全为石构件,院落架石拱桥,祀妈祖林默娘。

黄道周故居在石斋园南口东侧，与关帝庙仅一巷之隔。该屋有五开间，中为厅堂，旁为卧室，加上庭院与厢房，占地约300平方米，建筑古拙朴实，是典型的东山民居。

上述形态各异的建筑，以关帝庙为中心，左右对称，群体和谐，形象鲜明，个性突出，相映成趣，相得益彰。除此而外，石斋园还有许多奇特的自然风光，例如：

风动石：在关帝庙左侧濒海处。石高4.37米，宽4.57米，长4.69米，半骑半垂，立于一石磐上，人卧石磐上以双足推之则动，侧不倾，高不危，有"天下第一奇石"之美称。石上朝南有明巡抚路振飞于南明永历戊子（1648年）镌刻"铜山三忠臣 黄道周、陈瑸、陈士奇"等字样，为珍贵的南明文物。

石僧拜塔：在风动石东南侧不远，有一块高数米的黝黑巨石，俨如身披袈裟的秃头和尚，躬身遥拜隔海的文峰塔。虔敬之状，出诸天然。

女阴岩画与月亮岩画：在黄道周纪念馆左侧，有一巨石椭圆形，距地表高2.5米处有一圆穴，直径13厘米，深8厘米，大圆圈为浅浮雕，直径54厘米，想是磨制而成，状如女阴，俗称"贵子石"。据著名岩画专家盖山林先生鉴定，此石为母系氏族社会的艺术孑遗，距今约六七千年。附近又有比此大近十倍的天然巨石，称"钓鳌台"，上勒12个月亮岩画和一人

图4-8 宝智寺大雄宝殿

寺在关帝庙左侧,元末建,初名保安堂。明初改祝圣习仪所。后祀天尊,改名天尊堂。成化三年月堂和尚改建。康熙三年(1664年)梵毁,雍正十年(1532年)僧思敬募修,乾隆三十六年(1771年),改名"宝智寺"。

脚印,俗称"仙脚迹"。1992年5月19日,丽日当空,突然一声沉闷巨响,地动山摇,一股浓烟升腾而起,宛如华光大帝劈山救母,或如石猴出世,此巨石在没有任何外力作用下訇然崩裂,一分为二,蔚成"一线天"奇观。

石斋园作为著名的海上寺庙园林,不如苏、扬二州私家园林的纤巧,也不如颐和园、承德避暑山庄等皇家园林的精雅,只是敞开了自己的一派山川,展示着自己濒临沧海的壮美。不仅以园包庙,而且庙中有园,在关帝庙南侧有占地351平方米的小花园,叫"榕荫小院",布置假山、水池、奇石、花卉和榕坛。在城隍庙前和黄道周纪念馆庭院里,也都设有宽敞的花圃。甚至在关帝庙与宝智寺之间,藏有一条幽深的小巷,宽1—2米,不知是谁种了一棵青翠欲滴的小树,亭亭玉立,生机勃勃,倒也如小家碧玉,别有风韵。

五、艺术特色

东山关帝庙 | 艺术特色

艺术形象的好坏,决定着建筑的高下,建筑的个性,构成了艺术的品格。没有自己艺术特色的建筑,必然没有借鉴和欣赏的价值。东山关帝庙在嫣红姹紫的传统建筑百花园中,也许只是青翠小草一棵,或是映日荷花一朵,但却有自己鲜明的建筑特色。

1. 石雕精湛

闽南盛产花岗岩,石材丰富,雕工精美,源远流长。石头的城,石头的街,石头的桥,石头的塔,石头的厝(屋)……每每令祖籍闽南的海外游子梦萦魂绕,一看到石头,就会想起家乡建筑的艺术特色。固然,石材作为耐磨、防火、抗腐蚀的优质建材,用于铺砌地基、踏步、底墙或雕琢石柱、门框、窗棂等等,在全国各类建筑中比比皆是。但是,像东山关帝庙这样用精美的浮雕、透雕花卉、瑞兽的水磨青白石花板,去构造一堵多姿多彩的石

图5-1 斜柱楼亭
楼亭又名太子亭,由石门框和四根斜立的圆石柱承重,撑起一个雕刻精湛的歇山顶楼亭。柱端和拱外侧均刻有篆书"义参天地"四字,正中竖匾为邑人万历进士文三俊撰《关圣帝君赞》。

图5-2 龙陛石
在关帝庙大殿前檐下，斜靠在大殿阶沿石与天井之间，有一通宽3米多的水磨青色大龙陛石，浮雕一条露角峥嵘、神气十足的夔龙，腾云驾雾，栩栩如生，技工精美，巧夺天工。

门墙，则属罕见。在主殿阶沿下斜放着一通水磨青色大龙陛石，宽2.88米，高1.66米，雕有云涌蟠龙，口含石珠，令人交口赞誉。回廊上的十根青石梭柱，勒有精美的仙鹤、莲叶、荷花、绿树、水草、凉亭、小鹿以及书生骑马、随从挑担、老翁聚会、艄公驶船等等形象，其中一根柱上竟雕有十三个神态各异的古装人物。其想象力之丰富，构思之周密，构图之严谨，雕工之精湛，确实令人为之倾倒。

2. 曲线生辉

在艺术语言中，直线代表着阳刚、稳重、界定，曲线代表着柔媚、运动、变化。在建筑符号中，非直则曲，非曲则直，曲直并存，缺一不可。东山关帝庙在艺术建构中，对曲线的处理似乎更大胆更奔放一些。如屋脊大弧度起翘的曲线，单步月梁的曲线，透雕龙凤雀替的曲线，多层次木刻漏花的曲线……几乎无所不在，触目皆是。这些源于生活、效法自然、泼墨写意、刻意追求的艺术手法，运用得潇洒自如，构成了非凡的建筑艺术特色，给人留下深刻的印象。

3. 色彩渲染

色彩是建筑的面部语言，在审美的视觉艺术中至关重要。东山关帝庙的屋顶是高等级的庑殿顶，四面坡装饰讲究，清一色的黄瓦铺底，绿色的琉璃筒瓦覆盖，白灰勾缝，线条舒展，黄、绿、白三色相间，色彩对比强烈。在

a

b

c

图5-3a~c 圆雕梭柱
关帝庙前殿及两厢有十根雕工精湛的青石梭柱，通体圆雕，雕有仙鹤、莲叶、荷花、山石、水草、凉亭、古装人物骑马、随从挑担、艄公驶船等形象，惟妙惟肖，技艺高超。

庙内庙外，围墙的红，侧门的暗红，金柱的白，廊柱的青，六角形拼花石砖的淡青，木板楹联的墨黑，所有横梁斗栱的金黄……构成了一个五彩斑斓、十分耀眼的颜色世界。宛如当年叱咤风云的九五之尊，端坐在金銮殿上，黄袍加身，雍容华贵而仪态万方。于是黑的深沉，白的纯洁，青的沉静，绿的丰满，黄的富丽……给人们以无限的联想天地，显示了古典主义建筑所刻意追求的唯美风格，是一般寺庙和民居所没有的。

4. 彩瓷剪贴

东山关帝庙的屋脊和部分斜坡上有着繁复艳丽的装饰，例如凌空飞舞的二龙抢珠，翻腾欲飞的双凤朝阳，生趣盎然的珍禽瑞兽，惟妙惟肖的古装人物，都是用色彩斑斓的瓷片剪贴而成的。其塑像造型十分精妙，无一不充满浓郁的民间艺术风格和高超的雕塑技艺。可谓锦上添花，富丽堂皇，羞花闭月，满头珠翠。

彩瓷剪贴流行我国南方的潮汕、闽南和台湾一带，起始年代无从查考，是一种专用于庙宇和少数民居的屋顶装饰艺术。它分为平雕、浮雕和圆雕三种：平雕着重于构图，烘托背景；浮雕用于叠制房屋、树木、花卉等；圆雕则用于雕塑古装戏曲人物和正脊上方的飞禽走兽。它以广东潮州枫溪瓷厂特制的胎薄质脆的彩色瓷碗为原料，按构图需要剪成五颜六色的瓷片，再用壳灰、麻茸、红糖水搅拌而成的粘胶，把它贴到以瓷条、铁丝、壳灰捏就的胚胎

a

b

图5-4 浮雕石构件

在前殿明间,整面门墙全部用水磨白色花岗石块石砌筑,上端用透雕图案石构件,两侧也用勒有龙凤、麒麟、指南针等石浮雕装饰墙面,廊柱、斗栱、枋额也都用白石砌筑,给人一种"透雕玉屏"美轮美奂的感觉。

东山关帝庙 | 艺术特色

a

b

c

d

图5-5a~d 彩瓷剪贴

彩瓷剪贴主要流行于漳州、潮州和台湾一带，是一种专用于庙宇、民居外观的屋顶装饰艺术。它坚固耐用，色泽鲜艳，可塑造花卉、禽兽、树木和古装人物，神态逼真，技艺精湛。

上去，制成种种艺术珍品。由于它色彩鲜艳，造型生动，经久不坏，故其用于屋顶艺术装饰的优势，恐怕是其他建筑材料与工艺所不能比拟的。其中许多佳品又是民间雕塑大师林少丹先生（1919—1992年）的力作。他善于把国画泼墨与工笔的技法融入彩瓷剪贴中，使之繁简有度、浓淡两宜，又根据高低远近的视差原理，加大圆雕物体的厚度与间距，安排好构件大小和色彩浓淡的搭配，以增强其立体感，收到了良好的效果。

5. 镏金漆绘

庙内的神像、神龛、香案、花屏等等，都选用樟、楠、梨等优质木材，采用浮雕、透雕、立雕、通雕等精湛技巧，雕有花卉、鸟兽、人物等美丽图案，然后磨光上漆贴金涂彩，当地叫"镏金木漆"，或叫"磨漆画"。尤其是主殿檐廊上高3米，通宽7.48米的十堵门板，裙板为镏金磨漆画，绘有杨家将、岳家军练武等场景；上部为多层次人物禽兽透雕，显得刀法流畅，神态逼真，千姿百态，刻画入微，质感强烈，就连武生手握冠带雉尾的中指也清晰可见，说明东山民间工艺师对建筑艺术的细腻追求已达到登峰造极的地步。

图5-6 曲线装饰

主殿内的大梁、月梁、瓜柱、雀替、束腰、插角、狮座等,都大量运用曲线形,雕龙描凤,金碧辉煌,把小小的殿堂装饰得溢光流彩。

东山关帝庙 | 艺术特色

a

b

图5-7a,b 透雕金漆木屏

大殿通面阔七开间，明间、次间、梢间设金漆木雕五扇门，裙板全用镏金彩绘，上端槅心为多层次透雕，人物位置有前有后，刻工精细，造型生动，连左手去抓头冠的雉尾的指头也清晰可见。

东山关帝庙 | 艺术特色

图5-8 贴金彩绘
关帝庙几乎所有梁架斗栱全部采用金漆彩绘，具有强烈感染力量的华美。这是主殿大门裙板上的一幅彩绘，描写南宋岳家军练武的情景，图中有房屋、围墙、假山和树木以及岳云等12个人物。

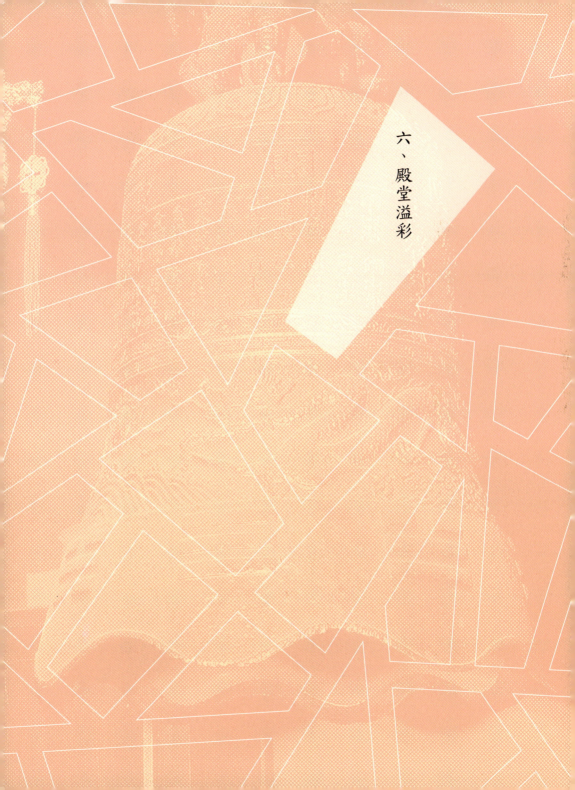

六、殿堂溢彩

东山关帝庙 | 殿堂溢彩

东山关帝庙内的许多供物、饰件和碑刻，是寺庙建筑艺术的一个重要组成部分，与建筑空间互为表里，使空间内涵丰富而生动，是对建筑主题的点睛和升华。它能长久而准确地传递当地历史、民俗、人文等信息，弥足珍贵。

关羽神像：关羽神像丹凤眼，五绺须，一身浩然正气。虽为樟木所雕，也受尽灾难。康熙三年"迁界"时，关帝庙被拆毁，神像也在劫难逃，由住持大陆和尚负入云霄霞港社"铜云室"隐藏，至康熙十三年（1674年）又负回铜陵，在原址上结茅为屋，聊蔽风雨而已。至康熙十九年"复界"后方按原貌修复。

咸丰御匾：主殿正中悬挂高1米、宽3米的咸丰御笔巨匾，上勒"万世人极"四字楷书，遒劲有力，大有名家风范，较之其曾祖乾隆皇帝"有肉无骨"的书法，颇有青胜于蓝之感。

图6-1 咸丰御匾
历代帝王为体现"神权君授"、"以神治国"，常为寺庙题名额匾。康熙、乾隆六下江南，几乎逢寺必挥毫。而咸丰皇帝为东山关帝庙题匾，"万世人极"四字，挺拔遒健，大有名家风范。

图6-2 关羽神像及四将

在关帝庙主殿正中那刻工精美的神龛里,端坐着二尊关帝神像。前一尊曾于1995年1月至7月,被台湾基隆普化警善堂朝圣团等迎奉至台湾参加"玉敕文武庙建教大典"。旁四神像为著名画家林少丹先生所塑。

楹联：庙内石柱有十多副情景交融、精辟工整的对联。例如："山岛雾收舒正气，海门日出照精忠"；"德配文宣垂万古，功高武穆冠春秋"等等。这些楹联，虽无深奥文字，却状景贴切，抒情自然，深刻揭示了关帝文化的厚重内涵。尤其是对关羽人品情有独钟的黄道周，于崇祯八年（1635年）十月回乡探亲，为该庙撰长联云：

数定三分，扶炎汉平吴削魏，辛苦倍常，未了一生事业；

志存一统，佐熙明降魔伏虏，威灵丕振，只完当日精忠。

寥寥四十二字，对关羽的生前和身后功业作了概括。黄道周为书坛怪杰，书艺高古奇崛，远承晋人，兼涉北朝，刚劲之中，自成精熟，行草笔意，离奇超妙，峭拔险峻，拙朴遒健。其为故里名庙题联，自然给它增光不小，难怪从这里分灵到台湾的关帝庙会纷纷仿效。

a　　　　　　　　　　　　　　　b　　　　　　　　　　　　　　　图6-3 室内陈设

铜钟：主殿东侧悬挂一口道光年间铸造的铜钟，高1.2米，底周长2.15米，重四百多斤，上勒八卦、夔龙和铜山港渔民、信士捐资芳名，镌工精致，铭文秀丽。

碑刻：是人类思想感情的物化，历史文化的载体，寺庙沿革的记录和书法艺术的大观。东山关帝庙的重要碑刻有：

《鼎建铜城关王庙记》：在主殿神像左侧，竖于龟趺之上，明正德十一年月堂和尚立。令人奇怪的是，鼎建此庙者不是道士和庙祝，却是来自漳州开元寺的一位南少林高僧。至少说明当时佛教已彻底中国化，民间信仰在铜山已定为一尊，南少林已分流到民间信仰神庙，武术已非沙门一家独有。

图6-4 吊钟

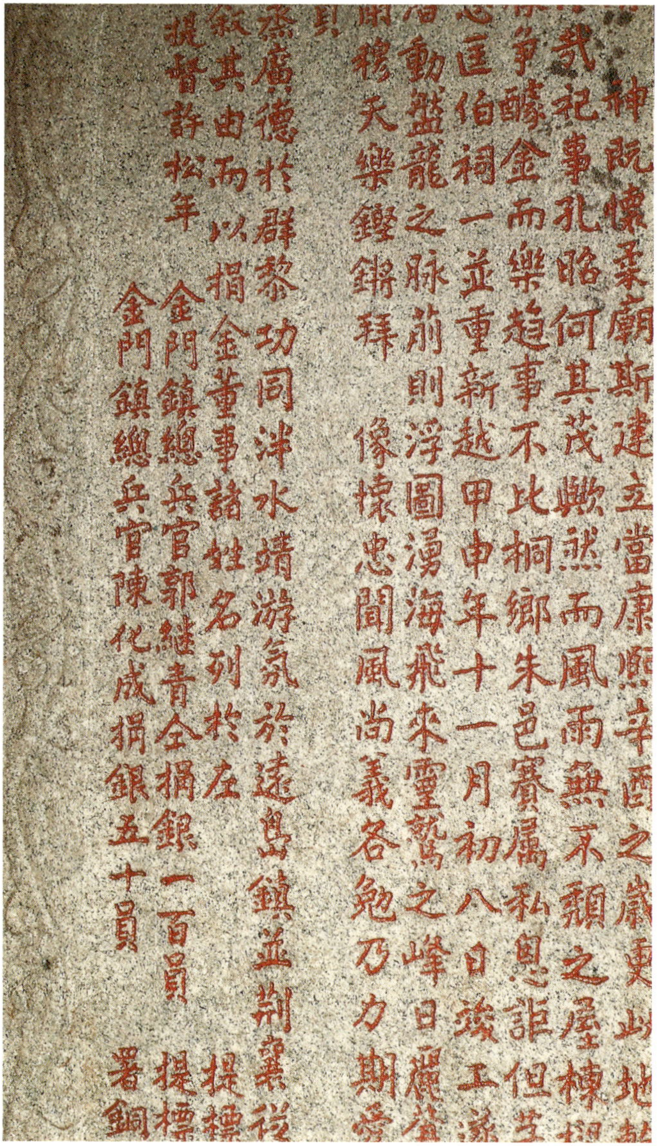

图6-5 道光碑记

《重修铜陵武圣庙记》,道光四年(1824年)立。记述了铜陵关帝庙由于年久失修,决定募众重修,于道光二年八月动工,至四年十一月竣工的过程。当年任金门镇总兵官的民族英雄陈化成也捐银五十圆。

图6-6 香灯田碑记
乾隆五十一年（1786年）云霄信士陈登魁立，光绪三年（1877年）陈氏子孙重修。反映了乾隆二十五年（1760年）左右陈登魁受骗被卖为"猪仔"（契约华工）的斑斑血泪史。

《关永茂碑记》：嵌于主殿前左廊墙壁，康熙五十二年（1713年）立。说明铜城官军世袭，是为军籍。里甲丁粮，世莫之闻。"迁界"时清兵墟其地，"复界"后回归者不及原来十之二三，均无户籍。至康熙四十年（1701年），漳浦知县陈汝咸因其泛而无宗，傍人门下，终非贻燕良策，就叫他们依在关帝庙门下，以关为姓，立一个总户名叫"关世贤"，编入临时户口。康熙五十年（1711年）编审公议，又表其名曰"关永茂"，分为七房，顶补漳浦十七都六图九甲，方才正式编入户籍，消除政治歧视。这是该庙与当地的历史、人民的命运息息相关的历史见证，东山百姓缘何特别崇拜关公，此是其重要原因之一。

《重修铜陵武圣庙记》：嵌于前殿前左廊墙壁，道光四年（1824年）立。记述修庙经过，当时任金门镇总兵官的民族英雄陈化成也捐银五十圆。

《同治重修关帝庙功德碑》：嵌于主殿前右廊墙壁。记述同治九年（1870年）修庙捐

图6-7 同治碑记

《同治重修关帝庙功德碑》，记述同治九年（1870年）铜城、香港、上海以及台湾的沪尾、安平、澎湖、郡城、鹿港等四十多位军政渔商船各界人士捐资芳名及金额，体现两岸共同信仰的渊源情谊。

款芳名，其中有台湾的沪尾、安平、澎湖、郡城、鹿港等四十多位军政渔商船各界人士捐资芳名及金额，体现两岸共同民间信仰的渊源和情谊。

《香灯田碑记》：原碑嵌于前殿前右廊墙壁，乾隆五十一年（1786年）立，光绪三年（1877年）陈氏子孙重修。反映了云霄信士陈登魁于乾隆二十五年（1760年）左右随南洋客头欲往噶喇吧谋生，启程前依民俗到东山关帝庙烧香祈求平安，并有所许愿。上船后方知受骗为"契约华工"，即"猪仔"。二十年后致富返乡，遂有为此庙捐香灯田之善举。古建筑竟有当年"猪仔"斑斑血泪史的记载，实属罕见。而这正是东山关帝庙作为优秀建筑文化之一的独特之处。

七、香火隆盛

东山关帝庙壮观厚实，庄严精美，烘托出一种肃穆的民间宗教崇拜气氛。此外，又有一种洋溢着世俗民情的人间气息。这种人间气息，反映了中国人一种特殊的文化心理结构，一个关于宇宙和人生的基本观念，即在天与人、生与死、有与无、天道与人欲、神仙与世俗、修善与作恶之间，没有不可逾越的鸿沟。于是人们心目中的关公，便成为一位活在沧冥之中不摆架子的帝君，指点迷津的先师，体察民情的长者，赏罚分明的法官，伦理道德的化身。在历史长期积淀的传统习惯和崇拜心理的作用下，这里逐步形成了富有地方特色的民间活动：

烧香叩拜：为祈福禳害，平时这里远近香客络绎不绝，香火极其兴盛。与其说它是民间信仰的神祠，不如说是心灵的慰抚之所。

求签解签：庙内有传统签诗共一百首，分上吉、大吉、中吉、上上、中平、下下等。善男信女们为占卜婚姻、家事、疾病、远行、经商、出海、建房、求学等等，常到这里求得签诗，再请解签人依据签诗内容判断吉凶祸福。这看来十分玄乎，却往往对香客以至历史事件产生过重大影响。如江日升《台湾外记》载：顺治十八年（1661年），郑成功部将右冲镇蔡禄在铜城欲叛郑降清时，就曾于六月初一日清晨，往关帝庙求签，得第十七首："田园价贵好商量，事到公庭彼此伤。纵使机关图得胜，定为后世子孙殃。"经香花僧张初解签后，叛意遂决。可谓"迷信迷信，心迷则信"。

a

图7-1a,b（后页） 香火旺盛

东山关帝庙自古有烧香、解签、乐捐、演戏、挂像、出巡、挂香以及沙门当家等习俗。关帝信仰作为一种寺庙文化和民俗文化，渊源悠久，而东山关帝庙与当地的历史、人民的命运关联密切，所以香火特别旺盛。

乐捐资财：祈求平安，常慷慨解囊，俗称"还愿"、"添香油"。此风自古已然，好处是集腋成裘，有利于寺庙的保护。

演戏祝嘏：每年五月十三日关羽诞辰期间，由各行各业捐资，渔民出钱特别踊跃，延请潮剧、芗剧团于庙前演戏，少者三天，多者二个月，人山人海，热闹非凡。

挂像祈安：东山城乡特别是铜陵镇的家家户户，几乎大厅屏风上都要悬挂关羽神像及对联。之所以如此，是因为他们曾是"关永茂"的子孙，慎终追远也许更有人情味吧。

迎神出巡：往年春天，关羽神像要循例隆重出巡，预先沿街鸣锣通知各户清洁卫生，是谓"报街"。出巡时，鸣锣开道，彩旗引路，锣鼓喧天，鞭炮齐鸣，队伍浩荡，香案迎接，是一种历史悠久的规模巨大的民俗活动。

挂香朝圣：远地香客每年必来一次挂香朝圣。如1991年4月25日，台湾宜兰礁溪协天庙

b

香客476人，到祖庙举行祝嘏大典，并迎关夫人赴台巡境。1993年10月11日，该庙又有朝圣团共206人，护送关夫人回东山关帝庙"省亲"。

沙门当家：《铜陵关帝庙世系略谱》云：自月堂和尚传到承理沙弥已有二十八世，一个民间神祠由沙门管理了四百多年，这不能不说是中国建筑文化中的一个特殊现象。尤其是顺治八年（1651年）天地会在铜山诞生后，关帝庙的"香花僧"曾经参加反清复明的秘密活动。而天地会也受铜陵关帝庙关帝文化的深刻影响，诸如"桃园开放万里香，久闻知己访忠良。天下英雄居第一，桃园结义刘关张"之类的诗篇，在天地会内部秘籍中俯拾皆是。

八、閩台情深

东山与台湾隔海相望,又有澎湖群岛作为中介,地缘、血缘、物缘、情缘、文缘与神缘关系密切。在东山与台南间的滚滚波涛底下,有一条横亘台湾海峡的浅滩,深者40米,浅者仅10余米,学者称之为"东山陆桥"。在距今大约12000年前的地质年代第四纪最后一次冰期,全球海平面大约比现在低140—160米。旧石器时代晚期的台南"左镇人"应是从东山一带跋涉到那里去的。

东山关帝庙由于有这种特殊的地理位置,也很早把关帝文化传播到台湾去。

早在嘉靖(1522—1566年)间,设置在此的铜山水寨扩建游兵营,辖台湾的淡水、澎湖和凤山。铜山居民多为世袭军籍,凡一户三丁者要抽一丁参加水操,三年期满轮流替换。当时,他们胸前都挂着铜陵关帝庙的香火,以求平安。退役后,部分员丁留居台湾,把关帝香火留下奉祀。到万历(1573—1620年)时,传说有一艘泉州商船停泊铜山港,船主陈氏到关帝庙分香到船中奉祀,后到台湾凤山(今高雄市)定居,鸠工兴建文衡殿,轩敞壮丽,成为台湾南部最早的关帝庙。

顺治五年(1648年),郑成功在东山整顿船只,训练士卒,募兵筹饷,曾到关帝庙进香,祈求关帝匡扶反清大业。有趣的是,康熙二十二年(1683年),施琅率师欲进攻澎台,也到关帝庙进香,祈求关帝襄助祖国统一大业。康熙三年(1664年)郑经撤离铜山归台,随军东渡的明宁靖王朱术桂（1618—1683年），特地在台南王府内奉祀从铜陵关帝庙分灵的关帝。其建筑造型全部仿自铜陵祖庭，正殿神龛旁挂有乾隆五十四年（1789年）府知事杨廷理仿铜陵祖庭黄道周题联，连咸丰御匾"万世人极"也与祖庭毫无二致，后称"祀典武庙"。

康熙五十二年（1713年），铜山人游崇功出任台湾守备时，特地从铜陵关帝庙请出一尊关帝神像，奉送到诸罗县东北隅（今嘉义县）建庙奉祀，以慰随他赴台防守的铜山官兵。

据传嘉庆（1796—1820年）间，漳州平和人林枫，要进京诉讼，路过铜山，仰慕关帝威灵显赫，乃进庙祈求神明保佑。进京后果然胜诉。于是在归途中再次进庙答谢，奉炉丹分灵回乡，雕塑金身神像，春秋致祭。不久，林枫子孙林应麟等人又亲奉神像渡台，途经宜兰县礁溪时，见此地背靠五凤山，山明水秀，是黄蜂之"灵穴"，遂决定于此建庙，成为台湾北部最早的关帝庙。后来，台湾各地民众又纷纷到该庙分灵，建宫立庙，设堂置坛，使关帝文化走红了全台湾宝岛。

现在台湾的关帝庙，北部以宜兰礁溪协天庙为主，南部以高雄文衡殿为主，有"北协南文，相映生辉"之誉。据不完全统计，澎湖县有奉祀关帝的庙宫殿坛、馆社堂舍、院府寺庵17所，台东县11所，花莲县10所，屏东县21所，高雄县36所，高雄市17所，台南县43所，台南市13所，嘉义县20所，云林县56所，彰化县42所，南投县19所，苗栗县市42所，新竹县市11所，桃园县10所，台北县37所，基隆市8所，宜兰县20所，宜兰市4所，总共481所。可谓云蒸霞蔚，群星璀璨。

随着关帝分灵台湾，东山庙宇文化也相继传入。东山康美村的民间建筑师林进金叔侄曾应台湾施主邀请，按照东山关帝庙的式样，在澎湖、赤嵌、台北等地建了多座关帝庙。至于风俗习惯都按照东山古礼，农历新春抬神像出巡，五月十三、六月二十四日向关帝祝暇，搭戏台，唱大戏，连祭祀科仪也与东山关帝庙相同。

因东山关帝庙是台湾关帝庙的祖庙，所以多年来到这里朝圣谒祖的台胞络绎不绝。自1988年8月至1995年元月，台湾关帝庙朝圣团就有32批共1572人。高雄文衡殿朝圣团还特地送来了"追源谒祖"的横匾，成为海峡两岸关帝文化同根同源的物证之一。

建筑是以立体和空间的物化形式表达自己民族文化的精神。几经反复，现在人们对关公、对关帝庙的历史文化内涵及其价值有了某

图8-1 "追源谒祖"匾

东山关帝庙由于特殊的历史人文地理条件,成为台湾关帝文化的祖庙。自1988年8月至1995年元月,已有台湾各地朝圣团32批共1572人前来朝圣谒祖。高雄文衡殿朝圣团还送了"追源谒祖"的匾额。

些新的认识。关公"对国以忠,对民以义,处世以仁,待人以礼,作战以勇,行事以信"的品格和道德观念,也许能启示世世代代的炎黄子孙胸怀爱国心、民族感和同胞情。正是:小小一座关帝庙,寄托两岸几多情。

大事年表

朝代	年号	公元纪年	大事记
明	洪武二十年	1387年	江夏侯周德兴建铜山古城关王庙，规模很小，在今之关帝庙右侧，后改祀东宫圣母
	正德四年	1509年	五月初七，月堂和尚负责在天尊堂之右空地，鸠工鼎建，至七年落成，称其为可与滕王阁比美的新庙
	嘉靖二十一年	1542年	前都劝缘子孙重修
清	康熙三年	1664年	清兵攻入铜山，实行惨无人道的"迁界"政策，关帝庙被毁，大陆和尚负神像入云霄，寄祀于霞港社武庙侧室，曰"铜云室"，取由铜山入云霄之意
	康熙十三年	1674年	耿精忠反清，大陆和尚负神像回铜陵，于旧址结茅为屋，聊蔽风雨而已
	康熙十九年	1680年	复界，援剿总兵官黄镐倡修，由大陆和尚总揽其事，于是年十一月初一日动工，翌年四月初八日落成
	康熙四十年	1701年	漳浦知县陈汝咸将铜陵居民编入临时户口册，以"关世贤"为姓名。十年后，又改称"关永茂"
	嘉庆十六年	1811年	壮烈伯李长庚募众重修
	道光二年	1822年	八月二十九日鸠工重修，至道光四年（1824年）十一月初八日竣工
	道光十六年	1836年	林鸣岗、欧天爵、黄献珍等募众重修

朝代	年号	公元纪年	大事记
清	同治九年	1870年	秋九月，孙有全、陈纯熙等募众重修，至光绪二年（1876年）落成
清	光绪三十四年	1908年	马兆麟等募众重修，至民国9年（1920年）竣工
中华民国	民国29年	1940年	县长楼胜利倡导破除迷信，关帝神像等暂避民间，至民国31年（1942年）县长易任，民众慕迎圣驾回銮，香火如故
中华人民共和国		1955年—1956年	民众集资重修
中华人民共和国		1979年—1982年	民众集资重修
中华人民共和国		1979年8月	成立东山县园林管理处，关帝庙归管理处管理
中华人民共和国		1985年	被公布为福建省级文物保护单位
中华人民共和国		1986年	以关帝庙为主的风动石——塔屿风景区，被评为福建省十佳风景区之一

参考文献：陈汉波《东山与台湾关帝文化缘系小考》，陈燕松等编《东山关帝庙》。

本书承蒙高爱明、余添生、黄超云、陈汉波、廖进彩、林友鹤、陈良生、许林耀、蔡火旺、孙英龙等先生的支持和帮助，特此示谢。

"中国精致建筑100"总编辑出版委员会

总策划：周 谊 刘慈慰 许钟荣
总主编：程里尧
副主编：王雪林
主　任：沈元勤 孙立波
执行副主任：张惠珍
委员（按姓氏笔画排序）
王伯扬 王莉慧 田　宏 朱象清 孙书妍
孙立波 杜志远 李建云 李根华 吴文侯
辛艺峰 沈元勤 张百平 张振光 张惠珍
陈伯超 赵　清 赵子宽 咸大庆 董苏华
魏　枫

图书在版编目（CIP）数据

东山关帝庙/曾五岳等撰文/林艺谋等摄影.—北京：中国建筑工业出版社，2013.10
（中国精致建筑100）
ISBN 978-7-112-16194-2

Ⅰ.①东… Ⅱ.①曾…②林… Ⅲ.①寺庙–介绍–东山县 Ⅳ.① K928.75

中国版本图书馆CIP数据核字（2013）第290053号

◎中国建筑工业出版社

责任编辑：董苏华 张惠珍 孙立波
技术编辑：李建云 赵子宽
图片编辑：张振光
美术编辑：赵 清 康 羽
书籍设计：瀚清堂·赵 清 周伟伟 康 羽
责任校对：张慧丽 陈晶晶 关 健
图文统筹：廖晓明 孙 梅 骆毓华
责任印制：郭希增 臧红心
材料统筹：方承艺

中国精致建筑100

东山关帝庙

曾五岳 陈立群 林定丛 撰文/林艺谋 欧 康 摄影

中国建筑工业出版社出版、发行（北京西郊百万庄）
各地新华书店、建筑书店经销
南京瀚清堂设计有限公司制版
北京顺诚彩色印刷有限公司印刷

开本：889×710 毫米 1/32 印张：$2^{7}/_{8}$ 插页：1 字数：123 千字
2015年9月第一版 2015年9月第一次印刷
定价：**48.00**元
ISBN 978-7-112-16194-2
（24363）
版权所有 翻印必究
如有印装质量问题，可寄本社退换
（邮政编码100037）